Aufgepasst im Straßenverkehr

Inhalt

Nie *oben* **ohne**

Nina fährt mit dem Fahrrad zu ihrem Freund Max. Sie wollen zusammen ins Schwimmbad radeln. Max wartet schon mit seinem Fahrrad vor der Haustür. Seinen Fahrradhelm hat er auf den Gepäckträger geschnallt. „Hallo, Nina, ist das heiß heute", begrüßt Max seine Freundin und steigt auf sein Rad.
„Warum setzt du deinen Helm nicht auf?", fragt Nina erstaunt.
Max stöhnt nur: „Bei der Hitze? Nein, lieber nicht."
„Wie du meinst", sagt Nina, „dann schieben wir die Räder eben zum Schwimmbad. Ohne Helm geht nix."
„Aha, Frau Besserwisser", knurrt Max. Dann nimmt er aber doch seinen Helm vom Gepäckträger. Nina passt auf, ob Max den Helm richtig aufsetzt. Er muss Hinterkopf, Stirn und Schläfen bedecken. Und er darf nicht über die Augen oder Ohren rutschen, sonst sieht und hört man ja nichts. Aber Max hat den Dreh raus.
„Zufrieden?", fragt er.

Nina nickt. Die beiden schwingen sich auf ihre Räder und fahren zum Schwimmbad. Plötzlich sehen sie einen Jungen, der mit seinem Fahrrad in einem Affentempo über die Wiese rast. Max ruft: „Das ist doch der Martin, der da ohne Helm durch die Gegend fetzt! Und so einer hat gerade die Fahrrad-Rallye gewonnen. Da hat er doch auch seinen Helm aufgehabt."

Mit Helm nichts am Hut?

Plötzlich schreit Max so laut er kann: „Maaaartiiiiiin, pass auf, da sind Baumwurzeln! Die hau'n dich vom Rad!" Die Warnung kommt zu spät. Martin knallt in vollem Tempo mit dem Vorderrad gegen eine Wurzel, die ein Stück aus der Erde ragt. Das Fahrrad bäumt sich auf wie ein wildes Pferd. Martin stürzt vom Rad und landet im Gras. „Komm schnell, wir müssen ihm helfen!", ruft

Nina. Sie rennt los, Max hinterher. Martin steht schon wieder auf. Er meint: „Nix passiert. Ich gehe jetzt schwimmen." Doch er sieht ziemlich mitgenommen aus.

„Nix da", erklärt Nina energisch, „wir bringen dich heim."

Schon nach fünf Minuten sitzen alle drei bei Martins Mutter und erzählen, was passiert ist. „In hohem Bogen ist der Martin durch die Luft gesegelt", berichtet Max. Die Mutter macht sich große Sorgen. Sie steckt Martin ins Bett, ruft den Arzt an und bittet ihn zu kommen. Der Sturz vom Rad blieb nicht ohne Folgen: Martin hat eine leichte Gehirnerschütterung. Das ist nicht gefährlich, aber er muss ein paar Tage im Bett bleiben. Max und Nina besuchen ihn.

Wer Köpfchen hat, setzt einen Helm drauf

Max meint zur Begrüßung: „Du hast wirklich Dusel gehabt, dass du ins weiche Gras gefallen bist."

„Warum bist du nur ohne Helm gefahren? Du bist doch sonst nicht so doof", fragt Nina. Ohne Helm herumrasen! Wo doch jeder weiß, wie gefährlich das ist!"

„Ich hab meinen Helm doch verloren", antwortet Martin. „So eine superblöde Ausrede!", entgegnet Nina. „Hättest dir ja einen von mir leihen können. Ich hab zwei."

„Iiihh, ein Mädchenhut!", motzt Martin.

Nina geht wortlos aus dem Zimmer. Mit einem Fahrradhelm kommt sie zurück. Den legt sie auf Martins Bettdecke. „Hier, den Megahelm leih ich dir, bis du einen neuen hast. Das Ding ist vom TÜV geprüft, wie ein Auto", erklärt sie. „Probier mal, ob er passt."

„Dann musst du aber auch vernünftig fahren und nicht so durch die Gegend brettern wie gestern. Sonst hilft der beste Helm nichts", setzt Max hinzu.

Vorsichtig setzt Martin den Helm auf: „Der passt und sieht toll aus! Stimmt schon: Oben ohne fährt der Doofi. Nur wer mit Helm fährt, ist ein Profi."

Bahn frei – die Skater kommen!

Lucy skatet ungeduldig über den asphaltierten Platz vor dem Kaufhaus. Sie wartet auf Tanja, Mark und Alex. Sie wollen zusammen für das

große Inline-Skate-Fest trainieren, das am Samstag stattfinden wird.

„Ich warte schon über eine Stunde", mault sie, als die Freunde endlich ankommen.

„Uff, das war eine verdammt lange Strecke", stöhnt Alex.

„Wo kommt ihr denn her?", fragt Lucy. „Von zu Hause natürlich, aber wir sind hierher geskatet", antwortet Mark.

„Der Busfahrer hat uns nicht mitgenommen!", schnauft Alex und äfft mit tiefer Stimme den Busfahrer nach: „Aus Sicherheitsgründen dürfen keine Personen mit angeschnallten Inline-Skates befördert werden."

„Na hoffentlich seid ihr noch fit. Wir müssen unsere Skate-Show üben, sonst gewinnen wir am Samstag nicht mal eine Tüte Gummibärchen", sagt Tanja.

Lucy angelt aus ihrer Jackentasche ein Stück Kreide und malt damit einen großen Kreis auf den Platz. Dabei schubst sie einfach einen Mann beiseite, der in den Kreis getreten ist: „He, weg da, das ist unser Skatefeld."

„Ihr Skater seid wirklich eine rücksichtslose Bande", erwidert der Mann, verärgert geht er weiter.

Die vier Freunde laufen hintereinander einen Kreis.

„Dreeeehen", kommandiert Alex und alle vier drehen sich um die eigene Achse. Anschließend machen alle vier einen Sprung.
„Slalom bis zur Straße", schreit Tanja plötzlich und saust los.
„He, pass auf!", ruft ein Mann, als Tanja ihn anrempelt. Doch Tanja hört gar nichts, denn jetzt geht's zur Sache.

Ganz schön rücksichtslos

Mark versucht, Tanja einzuholen, dabei rast er schnurstracks auf eine Frau zu, die mit vollen Einkaufstaschen aus dem Kaufhaus kommt. Mark sieht die Frau und brüllt: „Platz da!" Er versucht, mit einem T-Stop zu bremsen, indem er einen Skateschuh querstellt. Doch er stolpert und stürzt. Wenigstens ist er nicht mit voller Wucht gegen die Frau geprallt. Doch vor Schreck fällt der Frau der Einkaufskorb aus den Händen, sie schreit auf und rudert mit den Armen.
Mark rappelt sich auf und sagt frech zu der Frau: „Sie sind mir direkt in den Weg gelaufen!"
Doch die Antwort der empörten Frau ist für Mark schlimmer als eine Ohrfeige: „Weißt du, was du bist? Du bist ein Bunny."
Mark schnappt nach Luft. Er ein Bunny? So nennen die Inline-Skater einen völligen Anfänger, und der ist er nun ganz gewiss nicht. Na, der Frau wird er die Meinung sagen.

Doch seine Freunde entschuldigen sich ganz schnell bei der Frau, schließlich hat Mark sie ja fast umgefahren. Rasch sammeln sie die herumliegenden Sachen ein und packen alles wieder ein. Auch Mark sagt jetzt: „Ich glaube, ich entschuldige mich doch besser."
„Das ist eine gute Idee", meint die Frau, „und wenn du versprichst, in Zukunft mehr Rücksicht auf Fußgänger zu nehmen, vergessen wir die ganze Sache – und  den Bunny auch."

9

Zieh dich hell an

Anja wohnt mit ihrer Mutter am Stadtrand. Ihr Haus steht an einer breiten Straße, die Anja jeden Morgen überqueren muss, um zur Bushaltestelle zu kommen. Auf dieser Straße fahren nur wenig Autos. Sie dürfen hier nicht schneller als 30 Kilometer pro Stunde fahren. Weil Anja auf dem Weg zum Schulbus gern trödelt, ist sie oft so spät dran, dass sie über die Straße rennen

muss, weil der Bus schon an der Haltestelle wartet. Der Busfahrer schimpft dann, aber das überhört sie, schließlich kommt ja nie ein Auto.

Heute, an einem trüben Novembertag, hat Anja ihre dunkelblaue Lieblingsjacke angezogen, dazu Schal und Mütze in der gleichen Farbe. Den braunen Schulranzen, der mal ihrer älteren Schwester gehört hat, trägt sie in der Hand. Ihre Mutter hat sie früh genug aus dem Haus geschickt, unterwegs musste sie jedoch unbedingt mit einem niedlichen Hund spielen. Jetzt wird die Zeit wieder mal knapp. Ihr Schul-

freund Felix wartet schon an der Haltestelle, und der Bus biegt gerade um die Ecke.

SCHRECK AM MORGEN

Anja rennt die Straße entlang und ruft Felix zu: „Ich bin gleich da!" Doch dann geht alles ganz schnell. Anja schaut flüchtig nach links und nach rechts und betritt sofort die Straße um loszuflitzen. Bremsen quietschen. Felix schreit auf. Anja steht direkt vor der Kühlerhaube eines großen Autos. Ein Mann springt heraus. Er packt Anja an den Schultern und schüttelt sie ganz fest. „Kannst du nicht aufpassen? Ich hab dich bei der Dunkelheit gar nicht gesehen", schreit der Mann sie an. Er ist ganz blass.

Anja steht vor Schreck völlig starr da. Sie begreift gar nicht, was los ist. Der Busfahrer kommt angelaufen, nimmt Anja in den Arm und spricht beruhigend auf sie ein. Eine Frau schimpft: „Rücksichtsloser Raser! Hier darf man nur

30 fahren!" Der Autofahrer verteidigt sich heftig: „Ich bin langsam gefahren! Das Mädchen ist einfach über die Straße gelaufen. Und sie ist so dunkel angezogen, dass ich sie bei dem diesigen Wetter und der trüben Straßenbeleuchtung zu spät gesehen habe."

Der Busfahrer versucht, alle zu besänftigen: „Ich habe alles gesehen. Wenn der Mann schneller als 30 Kilometer pro Stunde gefahren wäre, dann hätte er die Kleine umgefahren." Die Kleine! Anja fängt an zu weinen und schluchzt: „Ich bin schon bald neun. Und meine Jacke ist schön. Und der Bus war doch schon da." In Anjas Kopf purzelt alles durcheinander. Jetzt tröstet sie der Autofahrer, fragt sie nach ihrer Adresse und bringt sie nach Hause zu ihrer Mutter.

Sei helle – zieh nichts Dunkles an!

Am Abend besucht der Autofahrer Anja noch einmal um zu sehen, wie es ihr geht. Er hat ein kleines Päckchen für sie dabei, das sie neugierig auswickelt: zwei reflektierende Anhänger für die Kleidung sind drin.

„Du musst in der Dunkelheit unbedingt helle Kleidung tragen und diese Reflektormännchen an den Ärmel befestigen. Die leuchten, wenn Licht darauf fällt und man kann dich

besser erkennen", sagt der Mann. „Ich habe dich heute Morgen nämlich fast zu spät gesehen! Ich bin sehr erschrocken und habe sofort eine Vollbremsung gemacht – Gott sei Dank ist noch mal alles gut gegangen!"

Anja nimmt sich fest vor, morgens nicht mehr so herumzutrödeln und ab sofort helle Kleidung anzuziehen. Ach ja, und einen neuen Schulranzen bekommt sie, hat die Mutter versprochen. Einen mit vielen Leuchtstreifen, damit sie wie ein kleiner Weihnachtsbaum leuchtet.

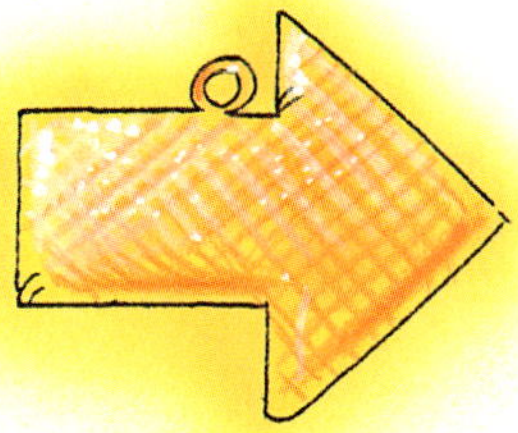

STÖPSEL IM OHR

"Christoph ist ein Blödian!" Mit dieser Bemerkung betritt Thomas den Umkleideraum der Turnhalle. „Was ist denn jetzt los, ich denke, Christoph ist dein bester Freund", fragt Wolfi. „Ist doch wahr", mault Thomas. „Dauernd hat er diesen Walkman dabei. Er läuft nur noch mit den Stöpseln in den Ohren herum und redet kein Wort mehr. Sogar beim Rad fahren hat er sie drin."

Musik bis über beide Ohren

Inzwischen ist Christoph eingetrudelt, natürlich mit Walkman. Er hebt lässig eine Hand und grüßt cool in die Runde. Seine Schulfreunde beachten ihn aber nicht. Bisher war Christoph sehr beliebt, weil er einfach ein klasse Typ ist. Christoph hat einen Freund, von dem er immer die neuesten Musikkassetten geliehen bekommt. Die haben sie alle zusammen bei Wolfi zu Hause gehört. Aber seit Christoph den Walkman hat, ist es aus mit den gemeinsamen Musiknachmittagen. Er hört die Kassetten

ganz für sich allein mit seinem neuen Walkman – den ganzen Tag über.

Christoph bemerkt den Ärger seiner Freunde nicht. Widerwillig nimmt er die Kopfhörer aus den Ohren und trottet lustlos in die Sporthalle. Nach der Sportstunde steckt er die Stöpsel sofort wieder in die Ohren, zieht sich an und verschwindet aus dem Umkleideraum. „Der spinnt echt", sagt Thomas und tippt sich an die Stirn. Auf dem Weg nach Hause überlegt Christoph krampfhaft, was der Vater ihm heute früh aufgetragen hat. Irgendetwas sollte er einkaufen. Was war das bloß? Die Musik dröhnt in seinen Ohren, aber er dreht den Ton nicht leiser. Dass laute Musik die Ohren schädigen kann, ist ihm egal. Christoph hüpft zur Musik und merkt gar nicht, dass er im Zickzack läuft. Mal geht er auf dem Bürgersteig, mal auf dem Fahrradweg. Er hört auch nicht, dass hinter ihm jemand ganz laut schreit: „Achtung, pass doch auf!" Und schon bekommt er einen heftigen Stoß

und stürzt auf das Pflaster. „Auweia, tut das weh", stöhnt er. Ein Junge mit einem Fahrrad steht vor ihm.

„Hast du mich denn nicht gehört?", fragt er Christoph. „Ich habe wie verrückt geklingelt und gerufen. Und du rennst mir direkt ins Rad." Christoph schaut ihn verständnislos an. Da rupft ihm der Junge die Kopfhörer herunter und brüllt ihm ins Ohr: „Mein Fahrrad ist kaputt, das musst du bezahlen."

Endlich kapiert Christoph, dass er selber den Unfall verursacht hat. Entsetzt sieht er sich die Bescherung an. Das Vorderrad des Fahrrades ist wohl kaum mehr zu gebrauchen.

„Da werde ich wohl mein Taschengeld in den nächsten drei Monaten bei dir abliefern müssen", stellt er betrübt fest. „So wird's wohl sein. Hoffentlich reicht's", antwortet der Junge.

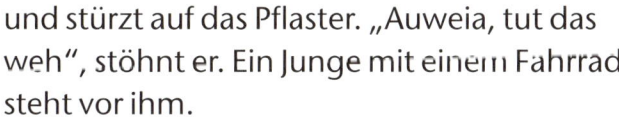

Christoph humpelt nachdenklich nach Hause – ohne Stöpsel in den Ohren. Sein Bruder hat Recht: Ihm gefällt Walkman hören auch, aber nicht auf der Straße. Und gestern hat sein Vater gesagt: „Wer nichts hört, der sieht auch nichts. Und das ist gefährlich im Straßenverkehr." Tja, da ist wohl etwas Wahres dran!

Christoph hat aus dem kleinen Unfall mit dem Radfahrer gelernt. Wenn er ganz für sich allein Musik hören will, kuschelt er sich in die vielen Kissen auf seinem Bett. Dabei kann er gut nachdenken und träumen. So ein Walkman ist wirklich was Feines, man muss nur richtig damit umgehen. Und nachmittags hört er wieder zusammen mit den anderen bei Wolfi bärenstarken Sound.

Bei Rot stehen, bei Grün gehen

Hannes ist neun Jahre alt. Er sitzt auf der Treppe vor dem Haus seines Onkels, wo er mit seinem fünfjährigen Bruder Markus die Ferien verbringt. Mit Markus soll er auf den Spielplatz gehen. Dazu hat er aber überhaupt keine Lust. Aus dem Nachbarhaus kommt Tina. Sie ist schon zehn. „He, wer bist du denn?", fragt sie. „Hannes", antwortet er ein wenig kurz angebunden. „Und was machst du hier?", bohrt Tina weiter. „Nix – Warten", erwidert Hannes.

Hannes sagt zu Tina: „Das ist mein kleiner Bruder. Ich muss auf ihn aufpassen." Bevor Tina etwas sagen kann,

„Willste ein Eis? Der Eismann steht da drüben mit seinem Wagen." Tina zeigt auf die andere Straßenseite. „Wo?", fragt Markus, der in diesem Moment zur Tür herauskommt.

rennt Markus schon zum Straßenrand und schreit: „Ich will ein Schokoladeneis!" Tina sprintet hinter ihm her und erwischt ihn gerade noch an der Hose, bevor er auf die Straße springen kann. „He, kannst du ihn nicht festhalten, der schießt ja los wie eine Mondrakete", faucht sie Hannes an.

„Der ist immer so, aber dem passiert schon nichts", erwidert Hannes. Er nimmt die Hand seines Bruders, zieht ihn zur Straße und sagt: „Du kriegst dein Eis." Dann will er sofort mit ihm die Straße überqueren. Jetzt mischt sich der Eismann von der gegenüberliegenden Straßenseite aus ein: „Nur wer über die Ampel geht, darf bei mir Eis kaufen!", ruft er herüber. Tina nimmt Markus an die Hand und erklärt ihm: „Schau, da vorne ist eine Fußgängerampel. Da gehen wir rüber, damit uns die Autos nicht umfahren."

Markus hört ihr aufmerksam zu, während er neben ihr her geht. Hannes trottet den beiden nach.

Rot: Stehen! – Grün: Gehen!

Rot: heißt Stehen!
Grün: heißt Gehen!

An der Ampel bleiben alle drei stehen. „Das dauert ja ewig, bis es mal Grün wird", murrt Hannes ungeduldig. Tina zuckt mit der Schulter und hält Markus ganz fest an der Hand. Das ist auch gut so, denn die Ampel schaltet gerade auf Grün um und Markus will sie auf die Straße ziehen: „Grün, es ist Grün, wir können gehen." „Stopp, erst müssen wir gucken, ob wirklich kein Auto kommt", sagt Tina.
Da stampft Markus wütend mit dem Fuß auf: „Du hast hier gar nichts zu sagen. Mein Papa hat gesagt, bei Grün darf man gehen. Ist doch wahr, Hannes?", wendet er sich hilfesuchend an seinen Bruder.

„Oje, so kommen wir nie zu unserem Eis, die Ampel ist schon wieder Rot", erwidert Hannes. „Papa hat uns erklärt ..."
„Ich weiß es, ich weiß es!", unterbricht ihn Markus „Wenn die Ampel Grün ist, muss ich erst nach links gucken, dann nach rechts gucken, dann wieder nach links gucken."
„So ist es", bestätigt Hannes. Weil er aber weiß, dass sein kleiner Bruder rechts und links noch nicht so richtig unterscheiden kann, sagt er nachdem die Ampel wieder auf Grün geschaltet hat: „Bevor wir jetzt losgehen schauen wir alle drei mehrmals nach beiden Seiten, dann können wir gut sehen, ob die Autos auch wirklich anhalten."
Als sie dann beim Eismann drei große Eis kaufen, fragt er die drei:
„Worüber habt ihr denn so lange an der Ampel geredet?" Tina zwinkert Markus und Hannes zu: „Das ist unser Geheimnis!"

15

Ich weiß den *Weg* nicht mehr

Susi besucht ihre Freundin Laura. Die beiden probieren den ganzen Nachmittag über alle möglichen Klamotten an. Morgen sollen sie verkleidet in die Schule kommen, weil Fasching ist. Es ist schon spät, als Lauras Mutter ins Zimmer kommt und fragt: „Susi, musst du nicht nach Hause? Es wird bald dunkel. Ich fahre zu meiner Tante und setze dich daheim ab."

Susi erwidert: „Wir sind noch nicht fertig. Ich rufe meinen Vater an, der holt mich ab." Lauras Mutter verlässt die Wohnung und die beiden wühlen eifrig weiter in den Kleidern.

„Ach je, mein Vater kommt ja heute später nach Hause und Mama hat kein Auto", fällt Susi plötzlich ein.

„Geh doch allein nach Hause. Du kennst doch den Weg", meint Laura.

Susi hat es nun eilig, denn draußen brennen schon die Straßenlaternen und im Dunkeln ist sie noch nie allein den Weg gegangen. Sie packt schnell ihre Sachen zusammen und geht.

Wie der Blitz saust sie aus dem Haus und rennt los, als ob ein Monster hinter ihr her wäre.

Als ihr die Puste ausgeht, bleibt sie stehen, schaut sich um und erschrickt. Diese Gegend kennt sie nicht. In den Häusern brennt kein Licht und vor ihr liegt ein dunkler Park.

Wie geht's heim?

„Wenn du dich mal verläufst, frage einen Polizisten nach dem Weg, nie einen wildfremden Menschen", hat ihre Mutter ihr eingeschärft. Doch nirgendwo steht ein Polizist. Und wohnen tut hier auch keiner, jedenfalls kann Susi weit und breit keinen Menschen entdecken. Ihr wird ein bisschen mulmig.

Zögernd geht sie auf ein großes Tor zu. Dahinter liegt ein Fabrikgelände. Dort gibt es sicher Wachmänner, Leute, die aufpassen, dass keiner nachts einbricht. Ein Wachmann ist ja so etwas

Ähnliches wie ein Polizist. Susi rüttelt an dem Tor, ruft: „Hallo, ist da jemand?" Nichts rührt sich.

RUF AN!

Was hat die Mutter noch gesagt? „Geh in eine Telefonzelle, ruf zu Hause an und sag, wo du bist. Der Straßenname steht auf dem Telefonapparat." Genau, sie muss ein Telefon suchen. Sie läuft die Straße ein Stück zurück, bleibt dann aber wie angenagelt stehen. Sie hat ja kein Geld dabei! Erschöpft setzt sich Susi mitten auf den Bürgersteig.

Auf der Straße fährt hin und wieder ein Auto vorbei. Soll sie ein Auto anhalten? Das hat ihr der Vater aber streng verboten.

Susi steht auf und überlegt, was sie nun tun soll. Langsam geht sie die Straße entlang. Plötzlich entdeckt sie ein Licht. Tatsächlich, da steht ein hell erleuchteter Kiosk. Eine Telefonzelle ist auch daneben. So ein Glück! Erleichtert saust Susi hin. „Ich habe mich verlaufen und muss meine Eltern anrufen", erklärt sie dem Mann im Kiosk. „Können Sie mir Geld zum Telefonieren geben?"

Das Telefonat ist schnell erledigt. Kurze Zeit später steht der Vater vor Susi.

Er umarmt sie ganz fest. Zu Hause spürt Susi, welche Sorgen die Eltern sich gemacht haben. Sie erzählt von ihrem Abenteuer, nicht die kleinste Kleinigkeit lässt sie aus. Aufmerksam hören die Eltern zu und loben sie, dass sie nicht in Panik geraten ist.

„Bitte ruf immer zu Hause an, wenn du bei deiner Freundin die Zeit vergisst", sagt die Mutter. „Wir holen dich auf jeden Fall ab, auch wenn du etwas warten musst. Außerdem gebe ich dir in Zukunft Telefongroschen und eine Telefonkarte mit."

Obwohl Susi in der Dunkelheit Angst hatte, ist sie doch stolz, dass sie das Abenteuer so gut überstanden hat. Trotzdem möchte sie nie wieder allein durch fremde Straßen irren.

Papa, *mach mal* Pause!

Endlich Sommerferien! Anna und Christian haben ihre Taschen schon gepackt. Ihr Vater bringt sie mit dem Auto zu den Großeltern. Die wohnen weit weg in einem Dorf mit viel Platz zum Toben und Spielen.

Ungeduldig warten die beiden auf den Vater, der das Auto aus der Garage holt. Auch er hat es eilig und drängt: „Los Tempo, Kinder, wir haben eine lange Fahrt vor uns."
Anna und Christian klettern auf den Rücksitz des Autos, machen es sich in ihren Kindersitzen bequem und schnallen sich an. Dann geht's los Richtung Autobahn.

Halt einfach mal an!

Mit Wort- und Fingerspielen vertreiben sich die beiden die ersten zwei Stunden der Fahrt. Doch dann wird es Anna langweilig, Christian muss mal auf die Toilette und beide können schon nicht mehr still sitzen.
„Papa, Christian hat mich getreten", beschwert sich Anna. „Ist überhaupt nicht wahr. Anna hat mich geärgert", widerspricht Christian. Der Vater tritt aufs Gas und schimpft: „Seid ihr vielleicht mal ruhig. Bei dem Gemeckere kann ich mich nicht aufs Fahren konzentrieren."
„Ras doch nicht so, mir wird schlecht", klagt Anna. „Papa, halt doch mal an, ich muss mal",

beklagt sich Christian. Die Kinder reden abwechselnd auf den Vater ein. Doch der schaut immer ärgerlicher, er hat sich nämlich in den Kopf gesetzt, die Strecke zu den Großeltern ohne Pause durchzufahren.
„Das auch noch, da vorne ist ein Stau!" Wütend schlägt der Vater aufs Lenkrad.

„Ich habe Durst. Mach mal eine Pause, Papa!", jammert Anna im gleichen Moment. Der Vater dreht sich um: „Es ist doch nicht mehr weit!"
Da schreit Christian auf: „Brems, Papa, brems doch!" Die Bremsen quietschen, der Wagen hält nur knapp hinter einem anderen Auto. Alle drei sind vor Schreck blass geworden.

„Tut mir Leid, Kinder. Am nächsten Parkplatz fahren wir raus", entschuldigt sich der Vater. Aber erst einmal müssen sie sich mit ihrem Auto Meter um Meter vorwärts quälen. Der Stau nimmt kein Ende. Im Auto wird es immer heißer. Den Kindern kommt es unendlich lange vor, bis endlich ein Rastplatz in Sicht ist, den der Vater ansteuern kann. Dort angelangt springen Anna und Christian rasch aus dem Auto. Christian flitzt an den Parkplatzrand und pinkelt in einen Acker.

„Also fast hätte ich mir in die Hosen gemacht", erklärt er vorwurfsvoll, als er zum Auto zurückkommt.

„Fang mich!", ruft Anna ihrem Bruder zu. Die beiden toben auf dem Parkplatz umher, während sich der Vater reckt und streckt. Nach einer halben Stunde sind alle fit zum Weiterfahren.

Zuvor muss der Vater Christian versprechen, dass er noch eine Pause auf der Strecke einlegt. „Du kannst dich sonst nicht mehr konzentrieren und reagierst nicht schnell genug, wenn etwas Unvorhergesehenes passiert."

„Du kennst dich ja gut aus", staunt der Vater.

Auf der Weiterfahrt haben die Kinder wieder Lust zum Spielen. „Wir erfinden jetzt das längste Wort der Welt", verkündet Anna. „Ich fange an, also Pferde …" „Pferdewagen", macht Christian weiter. Auch der Vater spielt mit. „Pferdewagenradmutterschraubenschlüsseltaschenverschlusshaken. Fällt euch noch was ein?", fragt der Vater. „Ja", meint Christian und hält einen Wecker hoch. Den hat er auf dem Parkplatz aus dem Gepäck gekramt. „Pause!", meint er und lässt den Wecker klingeln. Lachend fährt der Vater bei der nächsten Raststätte von der Autobahn. Gut gelaunt und ausgeruht kommen die Drei abends bei den Großeltern an.

Mach dein Fahrrad fit

Marco findet sein Fahrrad wunderschön. Jede Woche putzt er es, bis alle Teile blinken. Sogar jede einzelne Speiche reibt er blitzblank. Regelmäßig prüft er die drei großen „Bs": Beleuchtung, Bereifung, Bremsen.
Marco liebt Geheimnisse. „Die drei großen „Bs", das klingt schön rätselhaft, genau wie „Wamieschazrei". Das ist sein Geheimmittel fürs Fahrradputzen: Wasser mit einem Schuss Allzweckreiniger. Geheimnisse und Rätselhaftes erfinden, das mag Marco. Doch Rätsel lösen, das liegt ihm gar nicht. Deshalb ist er sauer auf seinen Bruder Timo. Als Marco ihn bat, mal zu schauen, warum die Fahrradkette klappert, sagte Timo nur: „Tja, dein Rad steckt voller Rätsel, die du selber lösen musst."

Alles o.k.?

Marco steht mit seinem Fahrrad vor dem Haus und schaut es stolz an. Bis auf die klappernde Fahrradkette ist wirklich alles in Ordnung. Verkehrssicherer kann kein Fahrrad sein: Die Handbremse und die Rücktrittbremse funktionieren. Der Scheinwerfer vorn und das rote Rücklicht brennen, wenn der Dynamo ans rollende Vorderrad drückt. Die reflektierenden Katzenaugen zwischen den Speichen sitzen fest. Der Luftdruck in den Reifen stimmt. Nur diese blöde Kette ...!
Kurz entschlossen holt Marco den Werkzeugkasten seines Vaters aus dem Keller. Wäre doch gelacht, wenn er dem Geheimnis der „Klapperkette" nicht auf die

Spur käme. Als Erstes muss er an die Kette rankommen. Das Schutzblech hat er schnell abmontiert, dann dreht er an den Pedalen. Aha, die Kette ist nicht straff genug gespannt. Also runter damit.

Nach einer Weile liegen vor Marco die Einzelteile seines Fahrrads. Im Eifer des Gefechts hat er mehr abgeschraubt, als er eigentlich wollte. Dann beginnt er, das Fahrrad wieder zusammenzubauen. Doch auseinander bauen war einfacher!

1001 TEILE

Marco kommt ins Schwitzen. Jetzt fahren auch noch seine Freunde Torsten und Sascha mit ihren Rädern her und geben ihm kluge Ratschläge. Aber dann helfen sie ihm, die Teile zusammenzuschrauben.

Doch irgendetwas stimmt nicht. Sascha hat die rettende Idee: Sein Vater hat zu Hause ein Fahrradbuch. Darin steckt ein Plan, auf dem man sehen kann, wie man ein Fahrrad auseinander und wieder zusammenbaut. Schnell holt Sascha das Buch und die Jungen legen den Plan auf den Bürgersteig. Sie zerlegen das Fahrrad noch einmal, um es dann genau nach Vorschrift wieder zusammenzusetzen. Das dauert ziemlich lange, aber das Fahrrad funktioniert schließlich wieder perfekt – nur die Kette klappert immer noch. Marco beschließt, dass dieses Rätsel nur eine Reparaturwerkstatt lösen kann. Ob man ihn dort versteht, wenn er um die Reparatur seiner „Klapfak" bittet? Sicher ist es besser, wenn er „klappernde Fahrradkette" sagt, sonst hört das Geklapper nie auf.

Auch das macht dein Fahrrad fit

Nach einer Nassreinigung solltest du alle Gelenke, Drehpunkte und Scharniere deines Fahrrades ölen. Verwende dazu ein spezielles Fahrradöl. Reinige die Fahrradkette mindestens einmal im Jahr gründlich mit Wasser und etwas Spülmittel. Trockne alles mit einem weichen Tuch und pflege die Kette mit einem Spezialmittel. Prüfe regelmäßig den Reifendruck. Nach dem Aufpumpen: Ventilmutter nachziehen und Ventilkappe aufsetzen.

① **Scheinwerfer**
② **Fahrradklingel**
③ **Frontreflektor**
④ **Roter Großflächen-Rückstrahler**
⑤ **Rotes Rücklicht**
⑥ **Gelbe Tretstrahler**
⑦ **2 Speicherreflektoren an Vorder- und Rückrad**

Ich schnall mich an

Hanna wird bald acht Jahre alt. Doch keiner glaubt ihr das, weil sie so klein und zierlich ist. Manchmal vergessen selbst ihre Eltern, dass sie kein Kleinkind mehr ist. Davon ist Hanna überzeugt. Müsste sie sonst im Auto immer noch auf ihrem uralten Kindersitz sitzen?

Sogar das kleine gepolsterte Tischchen bekommt sie auf den Schoß gepackt. „Fangkörper" nennt Papa das Ding. Und er meint, dass der Sitz völlig in Ordnung und sicher sei. Dabei ist er unbequem und viel zu eng. Und dann muss sich Hanna auch noch anschnallen. So kann sie sich während der Autofahrt überhaupt nicht bewegen.

„Nie wieder setze ich mich auf diesen doofen Sitz! Und anbinden lasse ich mich auch nicht mehr!", beschließt Hanna heute.

Sie ist mit sich und der ganzen Welt unzu-

frieden, als der Vater am Nachmittag drängt: „Hanna, bitte beeil dich. Mami wartet auf uns." Sie wollen nämlich Mami und den neuen Bruder abholen, der vor ein paar Tagen auf die Welt gekommen ist. Eigentlich freut sich Hanna auf diese Fahrt, aber als sie einsteigen soll, meint sie trotzig: „Papa, ich will nicht auf diesen blöden Kindersitz. Und anschnallen tu ich mich auch nicht."

„Du kommst vielleicht auf merkwürdige Ideen", erwidert der Vater ungeduldig. „Nun mach schon, wir haben es eilig."

„Na, dann fahr doch los", sagt Hanna, klettert auf die Rückbank und kniet sich neben ihren Kindersitz. Dann verschränkt sie die Arme, stützt sich auf die Rückenlehne und schaut aus dem Heckfenster.

Schnall nicht ab – schnall dich an!!

„Was soll das, Hanna, setz dich hin und schnall dich an", schimpft der Vater. „Bitte sei vernünftig, du weißt doch genau, dass sich jeder im Auto anschnallen muss. Wenn ein Unfall passiert, kannst du schwer verletzt werden!" Hanna weigert sich hartnäckig; ratlos schaut der Vater seine Tochter an.

Hanna dreht sich um, beugt sich zwischen die Vordersitze und meint freudestrahlend:

Bei einem Crashtest wird ein Autounfall nachgeahmt. Als Insassen werden Kunststoffpuppen, sogenannte Dummys, verwendet. Das Wort kommt aus dem Englischen und bedeutet „Attrappe". Das ist eine täuschend ähnliche Nachbildung eines Menschen.

„So kann ich besser sehen, wo wir hinfahren."
„Und wenn ich scharf bremsen muss, fliegst du durch die Windschutzscheibe. Schnall dich endlich an!" Der Vater wird jetzt ärgerlich.
„Ich halte mich schon fest, Papa", beruhigt Hanna ihn.
„Hanna, du musst dich anschnallen, sonst muss ich Strafe zahlen. Kinder unter 12 Jahren müssen im Auto spezielle Sitze und Sicherheitsgurte benutzen", erläutert er dann. Das weiß Hanna, aber heute will sie sich nicht anschnallen, Schluss, basta.

Sicher auf dem Kindersitz

„Warte einen Moment", sagt der Vater plötzlich und läuft zurück in die Wohnung. Er kommt mit einer Autozeitschrift wieder. Obwohl die Zeit drängt, setzt er sich zu Hanna auf die Rückbank und schlägt die Zeitschrift auf: „Schau, Hanna, man hat mit Puppen ausprobiert, was bei einem Auffahrunfall geschehen kann, wenn ein Kind so auf der Rückbank herumturnt wie du jetzt."
„Die Puppe fliegt ja durch das Auto", staunt sie.
„Ja, weil sie nicht angeschnallt ist, wird sie nach vorn geschleudert", bestätigt der Vater, „und der Puppenkopf schlägt auf das Armaturenbrett oder gegen die Windschutzscheibe. Festhalten kann man sich da nicht mehr."
„Das muss ganz schön wehtun", meint Hanna nachdenklich. „Vielleicht sollte ich mich doch lieber anschnallen."
Hanna setzt sich nun ohne Murren in ihren Sitz und macht den Sicherheitsgurt sorgfältig fest.
„Ich schnall mich jetzt immer an. Ist wirklich sicherer."
Als ihr dann aber einfällt, dass sie ja ihre Mutter und den kleinen Bruder abholen müssen, fragt sie erschrocken:
„Oje, Papa, wie schnallen wir denn nachher das Baby fest?"
Der Vater lacht: „Wir besorgen natürlich auch eine Babyschale."
„Das ist gut", lobt Hanna ihn, „im Auto müssen sich alle anschnallen, auch die Babys."

Das **Auto** bleibt heute stehen

„Aber nicht, wenn wir einkaufen. Er mag die schweren Taschen nicht durch die Stadt tragen."
„Ist doch Quatsch. Wenn wir im Zentrum keinen Parkplatz finden, muss er den Kram noch viel weiter schleppen", entgegnet David.

Wo sind die Schlüssel?

Der Vater nimmt seine Jacke und geht aus dem Haus, um das Auto aus der Garage zu fahren. Gleich darauf kommt er zurück. „Wo habe ich bloß wieder meine Autoschlüssel hingelegt?", fragt er.
Die Mutter hat David und Jana bei ihrem heimlichen Schlüsselstreich beobachtet. Sie verrät aber nichts, weil der Vater nun erklärt: „Dann fahren wir eben mit dem Bus."
Beim Warten an der Bushaltestelle überlegt der Vater: „Komisch, ich habe den Autoschlüssel doch in meine Jackentasche gesteckt."
„Da kommt schon der Bus", lenkt David ihn ab.

Es ist Samstag. Familie Wallner, die in einem Vorort wohnt, will in die Stadt zum Einkaufen fahren. Während der Vater noch beim Frühstück sitzt, beschließen David und seine Schwester Jana, den Autoschlüssel zu verstecken. Sie wollen nämlich unbedingt mit dem Bus fahren; die ewige Parkplatzsucherei nervt sie. Außerdem ist Bus fahren umweltfreundlicher.
Jana passt auf, dass niemand kommt, während David den Schlüssel aus der Jackentasche des Vaters angelt. Ganz vorsichtig, damit der Schlüsselbund nicht klappert.
„Hoffentlich findet Papi das auch so gut wie wir", flüstert Jana. „Klar", erwidert David, „Papi fährt doch gern mit dem Bus."

Wie jeden Samstag fahren viele Leute mit dem Auto in die Stadt und der Bus kommt recht langsam voran. „Jetzt stehen wir wie die Autos im Stau", stellt der Vater fest.

„Es geht gleich flotter. Da vorn fängt die Busspur an, da dürfen keine Autos fahren", erklärt Jana. Schnell sind sie in der Stadtmitte und steigen aus.

Der Bus braucht keinen Parkplatz

„Schaut euch nur mal die beiden Kampfhähne an", macht der Vater die Kinder auf zwei Männer aufmerksam, die sich heftig um eine Parklücke streiten. Dann grinst er und meint: „Solche Sorgen habe ich heute ja nicht."

Die Familie spaziert fröhlich durch die Stadt, und der Vater lädt alle zum Eisessen ein. Ohne Murren trägt er die schweren Einkaufstaschen zur Bushaltestelle. Auf der Heimfahrt sagt David: „Papa, ich muss dir was beichten." „Ich auch", übertönt Jana ihren Bruder.

„Meint ihr, ich habe nicht gemerkt, dass ihr den Schlüssel aus meiner Tasche genommen habt?", fragt der Vater streng. Dann lacht er und sagt: „Ich fahre ja gern mit dem Bus. Aber ich habe nicht daran gedacht, weil ich tagtäglich mit dem Auto zur Arbeit fahren muss. Da fährt ja kein Bus hin."

„Das nächste Mal erinnern wir dich ans Busfahren", verspricht Jana. „Das ist einfacher als Schlüssel verstecken."

Bahn frei, jetzt kommt die Polizei!

Schon den ganzen Nachmittag fahren Nico und Andi auf ihren Fahrrädern kreuz und quer durch ihr Wohnviertel. Das macht ihnen Spaß, weil sie oft etwas Neues entdecken.

Mit Blaulicht und Martinshorn

Plötzlich hören sie ein Martinshorn. Der grelle Ton kommt immer näher, dann sehen sie auch schon das Blaulicht auf dem Dach eines Polizeiautos blinken. Wie die Kängurus hüpfen die beiden auf den Bürgersteig um auszuweichen. Gespannt schaut Nico dem Polizeiauto nach. „Komm, wir gucken, was da los ist!", ruf er Andi zu. Sie steigen auf ihre

straße. So rasch sie können, strampeln sie auf dem Fahrradweg hinter dem Polizeiauto her. Ein paar hundert Meter vor ihnen verschwindet das Polizeiauto in einer Seitenstraße.
„Dort ist doch eine Bank!", schreit Nico aufgeregt. Er fährt vom Radweg auf die Straße und tritt mit voller Kraft in die Pedale. „Jemand hat die Bank überfallen! Vielleicht kann ich mithelfen, den Bankräuber zu fangen!", ruft er Andi zu, während er mitten auf der Hauptstraße weiterflitzt. Er sieht sich schon als Held auf allen Titelseiten der Zeitungen, als plötzlich zwei weitere Polizeiautos an ihm vorbeirasen. Um Nico auszuweichen, müssen sie im großen Bogen um ihn herumfahren.

Räder und versuchen dem Polizeiwagen zu folgen. Das Polizeiauto rast auf die Hauptstraße zu. Unablässig schrillt der durchdringende Ton des Martinshorns, als ob es rufen würde: „Platz da, weg da, jetzt kommt die Polizei!" Die Autos fahren eilig zur Seite, um die Straße frei zu machen. Andi und Nico erreichen endlich die Haupt-

Nico erschrickt, kommt ins Wanken und findet sich auf dem Rasenstreifen wieder, der den Fahrradweg von der Straße trennt – zum Glück ist er unverletzt. Andi hilft ihm auf die Beine und schimpft dabei: „Bist du bescheuert? Warum fährst du denn auf der Straße? Außerdem ist die Polizei fast nicht an dir vorbeigekommen."

„Red nicht so schlau, auf der Straße kommt man schneller voran", schnauzt Nico zurück. Dann verkündet er: „Ich muss mich jetzt um die Bankräuber kümmern!" Er schwingt sich aufs Rad und saust davon. Andi kann ihm kaum folgen.

Tatütata! heißt „Platz da!"

Als sie endlich an der Bank angelangt sind hat die Polizei schon rings um das Gebäude alles abgesperrt. Nico fragt enttäuscht: „Wie soll man da helfen, die Räuber zu kriegen?" „Helfen kannst du schon", sagt plötzlich der Polizist, der die Absperrung bewacht, „indem du der Polizei Platz machst. Ich saß vorhin in dem Polizeiauto, das ausweichen musste, weil du mitten auf der Straße gefahren bist. Kannst du dir nicht vorstellen, wie schwer es für uns Polizisten ist, mitten durch den Verkehr zu rasen, ohne dass ein Unfall passiert? Wenn das Martinshorn zu hören ist, heißt das: Bahn frei, jetzt kommt die Polizei!"
Nico sieht das ein. Aber er hätte halt so gern bei der Verbrecherjagd mitgeholfen.

27

Zur Schule bitte, Herr Adi

Adi ist Schulbusfahrer. Jeden Tag holt er die Kinder aus Bickenberg ab und bringt sie mit seinem Bus zur Schule. Weil die meisten der Kinder nicht älter als zehn Jahre sind, fährt immer ein Schulbuslotse mit, um auf die Bande aufzupassen. In diesem Schuljahr ist es der fünfzehnjährige Jan, der geduldig dafür sorgt, dass alle Kinder auf ihren Plätzen sitzen bleiben und nicht herumrennen. Adi ist froh darüber, denn er muss ja auf den Verkehr achten und kann nicht auch noch auf die Kinder aufpassen.

Als er heute die Haltestelle ansteuert, spielen die Kinder dort „Hahnenkampf". Auf einem Bein hüpfen sie aufeinander zu und rempeln sich an. Wer das hochgezogene Bein auf den Boden setzt, scheidet aus. „Ihr sollt doch solche Rempeleien an der Haltestelle sein lassen", schimpft Adi, nachdem er seinen Bus angehalten und die Tür geöffnet hat. „Wenn einer auf die Straße fällt und unters Auto kommt, dann …" Adis Geschimpfe geht im Gedränge der Kinder unter.

Im Bus gilt: Toben streng verboten

„Wo ist eigentlich euer Schulbuslotse?" Adi erhebt sich von seinem Fahrersitz, um Jan zu suchen.

„Jan hat Fieber", piepst Mia. Dann schubst sie Tanja vom Sitz und meint frech: „Hier sitz ich!" Nun wird es Adi zu bunt. „Stopp!", brüllt er. Schlagartig sind alle Kinder still. „Wer hat sich bei der Drängelei und Schubserei einen blauen Fleck geholt?"

Alle gucken ihn erstaunt an, dann melden sich ein paar Kinder. Adi zählt: „… sieben, acht. Ganz schön viel." Hoffentlich fragt Adi jetzt nicht, wer wen geboxt oder gekniffen hat. Er soll nämlich Kinder, die sich schlecht benehmen und damit die Sicherheit der anderen gefährden, der Schulleitung melden.

„Auweia, jetzt gibt's Ärger", flüstert Mia. Ihr wird ganz mulmig, schließlich hat sie Tanja vom Sitz gestoßen.

Adi sagt aber nur ruhig:

Falsch

Richtig

Nie vor dem Bus die Straße überqueren! Autos, die hinter dem Bus halten, können dich nicht sehen.

„Damit es euch auf der Fahrt nicht langweilig wird, schreibt jeder Wörter auf, die mit X und mit Y anfangen. Wer acht Wörter für jeden Buchstaben weiß, ist Sieger."

„Kinderkram", grummelt der zwölfjährige Fred, holt aber wie die anderen Block und Bleistift aus seiner Schultasche. Auf einmal ist es ganz still im Bus. Adi grinst zufrieden und fährt los.

Als der Bus dann vor der Schule hält, drücken die Kinder Adi ihre Zettel in die Hand.

Plötzlich rennt Adi aus dem Bus, packt zwei Jungen am Kragen und schnauzt sie an: „Wollt ihr wohl hinter dem Bus über die Straße gehen! Dort ist ein Zebrastreifen und dazu noch ein Schülerlotse! Ihr dürft nie vor dem Bus über die Straße gehen. Wenn ein Auto kommt, sieht der Fahrer euch nicht. Er kann doch nicht durch den Bus gucken."

Ist das ein Tag heute! Adi ist froh, als alle Kinder heil im Schulhaus verschwunden sind.

Nachmittags holt Adi die Kinder wieder von der Schule ab. Alle steigen hintereinander in den Bus, keiner drängelt. Zu früh gefreut! Der Bus ist noch keine hundert Meter gefahren, da bricht das Chaos aus. Alle schreien

durcheinander, ein paar Kinder versuchen im Gang Fangen zu spielen. Lukas rauft mit Peter, Lisa streitet lautstark mit Tobias.

Bitte sitzen bleiben!

„Ruhe! Hinsetzen! Wollt ihr euch unbedingt die Knochen brechen?", brüllt Adi. Bei dem Lärm kann er sich nur schwer auf den Straßenverkehr konzentrieren. Er versucht ruhig zu bleiben und fängt dann einfach ganz laut zu singen an: „Bus, Bus, ich fahr Bus, was man da erleben muss. Ich sag's euch, mein Fahrzeug ist doch kein Spielplatz. Das wisst ihr ganz genau." Das klingt wie ein Song aus der Hitparade! Den Kindern gefällt das Lied und sie singen mit.

„Das war eine schöne Fahrt, so muss es immer sein", lobt Adi die Kinder, als sie aussteigen. Und dann sagt er noch: „Ihr seid alle Sieger. Jeder von euch hat heute Morgen acht Wörter mit X und Y gefunden."

„Ob Adi nicht flunkert? Wer kennt schon acht Wörter mit X oder mit Y?", zweifelt Mia. „Ich nicht!" Sie freut sich aber, dass Adi so nett ist.

Der Gehweg gehört nicht dir allein

Michel, Frederik und Lisa sind dicke Freunde. Michel und Frederik haben neue Fahrräder bekommen und geben nun furchtbar an, wie schnell sie damit fahren können. Frederik schlägt Lisa ein Wettrennen bis zur Telefonzelle an der nächsten Straßenecke vor. Weil Lisa erst acht Jahre alt ist, muss das Radrennen aber auf dem Gehweg stattfinden.

Lisa zögert, denn sie findet den Gehweg eigentlich zu schmal für so ein Rennen. Und kurz vor der Telefonzelle steht ein Gemüsestand mit vielen Obstkisten. Sie überlegt: „Vielleicht springen die Fußgänger ja ganz schnell zur Seite, wenn ich angesaust komme. Es wird schon nichts passieren."

Lisa holt tief Luft. Sie will das Wettrennen unbedingt gewinnen. „Ich mach mit", beschließt sie deshalb mutig. Lisa und Frederik stülpen sich ihre Fahrradhelme auf den Kopf und machen die Riemen sorgfältig fest. Michel gibt das Kommando: „Auf die Plätze, fertig, looos!" Lisa und Frederik radeln los. Lisa sieht und hört nichts mehr. „Schneller, fahr schneller", treibt sie sich selber an.

„Da ist der Gemüsestand, bloß weiter", denkt sie. Sie fährt so konzentriert, dass sie gar nicht bemerkt, dass sie eine Apfelkiste umgestoßen hat.

Lisa schwitzt vor Anstrengung. Ihre kurzen Haare sind klatschnass, als sie an der Telefonzelle ihr Rad stoppt. Knapp hinter ihr kommt Frederik. „Gewonnen, ich habe gewonnen!", jubelt sie.

Da kommt Michel angerannt, hinter ihm die Gemüsefrau. „Du, was fällt dir ein, einfach gegen meine Apfelkisten zu treten!", wütet sie. Lisa schaut zum Gemüsestand. Dort kullern tatsächlich die Äpfel auf dem Gehweg umher. „Verehrte gnädige Frau", sagt Frederik zur Gemüsefrau. Lisa kichert. Wo hat er bloß die affige Anrede her? Frederik spricht unbeirrt weiter: „Lisa ist noch nicht acht Jahre alt. Das Gesetz schreibt vor, dass Kinder unter acht Jahren mit ihren Fahrrädern den Gehweg benutzen müssen."

Lisa möchte jetzt am liebsten eine winzige Maus sein und im nächsten Mauseloch

verschwinden. Denn was Frederik da redet, ist ganz schön frech. Das mit dem Gehweg stimmt ja, aber in der Straßenverkehrsordnung steht auch: „Auf Fußgänger ist besondere Rücksicht zu nehmen." Lisa ist klar, dass es mehr als rücksichtslos ist, auf dem Gehsteig so zu rasen. Deshalb entschuldigt sie sich bei der Gemüsefrau und schlägt ihr vor alles einzusammeln. „Das finde ich gut! Wenn ihr fertig seid, könnt ihr auch ein paar von den Äpfeln haben", sagt die Gemüsefrau und schaut wieder freundlich.

Über die *Straße* gehn

„Über diese Riesenstraße muss ich nun wahrscheinlich täglich rüber, um zum Schulbus zu kommen", murmelt Claudia unzufrieden. Ihr kleiner Bruder Tobias kommt ins Zimmer gerannt. Für ihre Sorgen interessiert er sich nicht. Er drückt sich die Nase an der Scheibe platt und ruft: „Guck mal, da drüben gibt's Eis!" Tobias hat das Eisfähnchen an der Bäckerei auf der anderen Straßenseite entdeckt. „Na gut, wir gehen rüber und kaufen ein Schokoladeneis", beschließt Claudia.

Claudia ist neun Jahre alt und fürchtet sich eigentlich nicht vor der großen Straße. Schließlich haben sie bisher in der Innenstadt gewohnt und dort ist sie schon lange allein zur Schule gegangen. Aber in der Innenstadt gab es überall Fußgängerampeln oder Zebrastreifen. Aber die hat sie in dem Neubaugebiet noch nicht entdecken können.

Während Claudia mit Tobias zum Straßenrand geht, schärft sie ihrem Bruder ein: „Ich halte dich jetzt ganz fest an der Hand. Und du machst genau das, was ich

Claudia runzelt die Stirn. Sie steht am Fenster der neuen Wohnung und schaut auf die große Straße. Weit und breit kann sie weder einen Zebrastreifen noch eine Ampel entdecken. Ihre Mutter hat ihr erklärt: „Wir ziehen in ein Neubaugebiet, da ist manches noch nicht fertig."

dir sage." Tobias denkt an das versprochene Eis und nickt brav.

Am Straßenrand parken viele Autos. Um die Fahrbahn überblicken zu können, müssen sich die Kinder erst einmal zwischen den Autos hindurchschlängeln.

Mach dich bemerkbar!

Suche immer eine **Fußgängerampel** oder einen **Zebrastreifen**!

Claudia beugt sich nach vorn, damit sie den Straßenverkehr gut beobachten kann. Dann geht sie einen kleinen Schritt vor und schaut mehrmals abwechselnd nach links und rechts. Dabei winkt sie mit der Hand wie ein Verkehrspolizist mit seiner Kelle.

Sie sieht nun, dass in beiden Richtungen eine große Lücke zwischen den fahrenden Autos entsteht. Ein von links kommendes Auto fährt langsamer. Der Autofahrer hat die Kinder gesehen, bremst und bleibt stehen. Zügig geht Claudia mit Tobias an der Hand los, stoppt dann aber neben dem wartenden Auto. Sie vergewissert sich, dass keiner das stehende Auto überholt.

Auf der Straßenmitte bleiben die beiden noch mal kurz stehen. Ein von rechts kommendes Auto ist so weit entfernt, dass die Geschwister den Rest der Straße sicher überqueren können. Geschafft!

Die Verkäuferin in der Bäckerei hat die Kinder auf der Straße gesehen und fragt: „Warum geht ihr eigentlich nicht an der Ampel über die Straße?"

Claudia schaut sie verblüfft an. „Ich bin doch nicht blind! Ich habe nirgendwo eine Ampel entdeckt."

Die Frau geht mit den Kindern vor ihren Laden und zeigt die Straße

hinunter. „Siehst du, da unten hinter dieser Kurve ist eine Fußgängerampel und kurz hinter der Ampel hält auch der Schulbus."

„Das ist ja ein ganz schöner Umweg", sagt Claudia. „Aber besser als gar nichts. Also los, Tobsi, wer als Erster bei der Ampel ist!"

Steig da bloß nicht ein!

Katja kommt vom Ballettunterricht. Hübsch sieht sie aus mit ihrem Haarknoten, dem Dutt, den alle Tänzerinnen der Welt tragen. Auf dem Heimweg träumt Katja vor sich hin: „Bravo, bravo!", rufen die Zuschauer. Katja verneigt sich.

„Weißt du den Weg zur Weberstraße?", fragt plötzlich eine dunkle, schmeichelnde Stimme. Katja erschrickt. Verwirrt schaut sie sich um. Direkt neben ihr steht ein Auto. Der Fahrer hat das Fenster heruntergekurbelt.

„Kannst du mir bitte sagen, wo die Weberstraße ist?", wiederholt er höflich seine Frage.

„Keine Ahnung, die Straße gibt's bei uns nicht", erwidert Katja etwas patzig. Soll der Mann doch fragen, wen er will, sie hat keine Zeit. Ihre Mutter wartet zu Hause auf sie. Sie hat sowieso schon viel zu lange getrödelt.

Katja will weitergehen, da meint der Mann: „Du bist aber unfreundlich. Wenn das deine Mutter wüsste." Katja geht näher an das Auto heran.

„Tut mir Leid", entschuldigt sie sich. Wer Hilfe braucht, dem soll man helfen. Das erklärt ihr die Mutter immer wieder. Deshalb überlegt sie jetzt. „Ach ja, die Weberstraße, die liegt draußen am Stadtrand."

Katja beschreibt dem Mann den Weg. Etwas umständlich, weil sie nicht ganz genau Bescheid weiß.

„Kannst du mir den Weg zeigen?", fragt der Mann. „Ich habe es eilig." Er öffnet die Beifahrertür und sagt mit seiner freundlich klingenden Stimme: „Komm, steig ein. Du zeigst mir den Weg. Danach fahre ich dich nach Hause."

Ich steig nicht ein – basta!

Katja geht auf die Tür zu, will schon einsteigen. Der Mann lächelt sie an. Da haut Katja mit lautem Knall die Autotür zu, dreht sich um und rennt auf ein paar Frauen zu, die auf dem Bürgersteig beieinander stehen. „Der Mann will, dass ich in sein Auto einsteige!", ruft sie ängstlich.

Der Motor heult auf, der Mann guckt nun gar nicht mehr freundlich, dann braust das Auto davon. Katja zittern die Knie. Der Typ hat sie richtig eingewickelt. Der hatte ganz bestimmt etwas Böses im Sinn. Die Frauen reden aufgeregt durcheinander. Katja aber rennt nach Hause. Sie muss das Erlebnis sofort ihrer Mutter erzählen.

Nachdem sie ihr alles berichtet hat, fragt sie: „Glaubst du, dass der Mann mich entführen wollte, so wie es immer wieder in der Zeitung steht?"

Die Mutter nimmt Katja in den

Arm und sagt: „Vielleicht hatte der Mann auch gar nichts Böses vor. Aber trotzdem: Bitte, Katja, steig zu niemandem ins Auto, auch nicht, wenn du die Person kennst. Frag mich bitte unbedingt vorher, wenn dich jemand im Auto mitnehmen will." Katja guckt die Mutter erstaunt an. „Muss ich auch fragen, wenn die Nachbarin mich zur Schule mitnehmen will?"

„Ganz gleich, wer es ist, frag mich oder Papi. Das ist wirklich am besten", erklärt die Mutter. Es klingelt an der Haustür. Jürgen, der Freund von Katjas großer Schwester Moni, steht davor. „Hallo, Ballerina, ich will mit Moni ins Einkaufszentrum. Kommst du mit?", fragt er Katja. „Mit dem Auto?" Katja schaut bei dieser Frage ihre Mutter verschwörerisch an: „Darf ich mit Jürgen im Auto zum Einkaufen fahren?"

Die Mutter nickt und umarmt Katja ganz fest.

Unten hält ihr Jürgen die Autotür auf – wie einer berühmten Ballerina.

Vorsicht vor Landmaschinen

Julia und Adrian verbringen die Ferien auf einem Bauernhof. Gleich am ersten Morgen gehen die beiden auf Entdeckungsreise. Auf dem Hof treffen sie einen Mann, der sie anknurrt: „Geht aus dem Weg, ich muss den Mähdrescher rausfahren."

Adrian aber lässt sich nicht wegjagen, denn den Mähdrescher will er aus der Nähe angucken. In der Scheune steht die gewaltige Maschine, die sich plötzlich krachend und dröhnend in Bewegung setzt. Adrian erklärt seiner Schwester fachmännisch: „Durch das Tor kommt der Fahrer allein nie durch, wir müssen ihm beim Rangieren helfen." Julia und Adrian geben Handzeichen und rufen dabei eifrig: „Mehr nach rechts, jetzt ein bisschen mehr nach links."

Doch der Mann auf dem Fahrersitz brüllt: „Geht weg da vorne, ihr steht im Weg!" Die Kinder hören ihn nicht, denn der Mähdrescher macht einen Höllenlärm und bockt. Etwas ist nicht in Ordung.

Maschinen: Wegbleiben!

Der Fahrer ist schon ganz nervös; dauernd hüpfen diese beiden Kinder vor der Maschine herum. Weil er Angst hat, dass er die Kinder überrollt, stellt er den Motor ab. Der gibt im gleichen Augenblick ein knallendes Geräusch von sich, Julia erschrickt und fällt auf den Rücken.

Der Fahrer klettert sofort von der Maschine herunter und taucht ganz blass neben Adrian auf. Adrian und der Mann sind so erschrocken, dass sie erst einmal gar nichts tun. Schließlich packt der Mann Julia an den Schultern und richtet sie vorsichtig auf. Gott sei Dank ist nichts passiert. Julia meint: „Hier ist es ja gefährlicher als bei uns zu Hause auf der Hauptstraße." Sie hat nicht den kleinsten Kratzer abbekommen, nur ihre Kleider sind schmutzig geworden. Der Mann brummt etwas, was sich anhört wie „verflixte Stadtkinder". Bevor er weiterreden kann, ruft die Bäuerin die Kinder zum Frühstück. Am Frühstückstisch sitzen schon ihre Eltern. Der Bauer leistet ihnen Gesellschaft. Julia setzt sich ganz schnell an den Tisch, damit keiner die verschmutzte Hose bemerkt. Sie fragt: „Wo sind denn hier die Kühe?"

Der Bauer anwortet: „Nur nicht so schnell, ich zeige euch erst einmal, wie ihr euch auf unserem Hof zurechtfinden könnt, damit niemandem etwas passiert."

Der Vater schaut ihn fragend an: „Was kann auf einem Bauernhof, der nicht einmal an einer befahrenen Straße liegt, schon passieren?"

Gefährlich wie die Hauptstraße

Der Bauer erwidert: „Viele Kinder kennen einen Bauernhof doch nur aus Bilderbüchern. Und dort steht fast nie, dass es auf einem Hof viele große Maschinen gibt, die für Kinder ganz schön gefährlich werden können."

„Drüben in der großen Scheune stehen ein Mähdrescher und ein Traktor", sagt er. „Von beiden müsst ihr euch fern halten. Vor allem dürft ihr nie direkt davor herumlaufen, wenn man sie aus der Scheune oder durch den Hof fährt. Bei so großen Maschinen kann der Fahrer nur schlecht sehen, was sich unmittelbar vor den Rädern abspielt. Wenn ein Kind ausrutscht und unter der Maschine landet, kann es schwer verletzt werden."

In diesem Moment betritt der Fahrer des Mähdreschers das Zimmer. Julia wird puterrot. „Die Verkehrsregeln sind doch ganz einfach", meint sie nun. „Wir machen einfach einen großen Bogen um alle gefährlichen Maschinen!" Der Mann zwinkert ihr zu: „Du musst es ja wissen!"

Kennst du die Verkehrszeichen?

Dieses Zeichen bedeutet: Stehen bleiben!

Nicht nur Autofahrer müssen bei diesem Schild warten, bis sie fahren dürfen. Auch Radfahrer müssen anhalten und dabei mindestens einen Fuß auf die Straße stellen. Erst fahren, wenn kein Fahrzeug mehr in Sicht ist.

Straßen solltest du nur über Zebrastreifen oder an der Ampel überqueren. Wenn beides nicht vorhanden ist, musst du besonders vorsichtig sein. Warte unbedingt, bis eine große Lücke in dem fließenden Verkehr entstanden ist. Ist vor einmündenden Straßen oder Kreuzungen kein Vorfahrtschild vorhanden, hat Vorrang, wer von rechts kommt.

„Verbot der Einfahrt"

Auto- und Radfahrer dürfen nicht in eine Straße einbiegen, die durch dieses Schild gekennzeichnet ist. Wenn du zu Fuß so eine Straße überqueren willst, schau trotzdem immer nach links und rechts. Es kann vorkommen, dass Auto- oder Radfahrer das Schild nicht beachten.

„Vorfahrt gewähren"

Das Schild steht an den Straßen, die auf Vorfahrtstraßen einmünden: Alle Fahrzeuge müssen auf eine ausreichend große Lücke im Verkehrsfluss warten um sich in den Verkehr einzufädeln. Auch Radfahrer müssen sich an dieses Schild halten: Wenn Fahrzeuge kommen – anhalten! Überquere nie die Straße vor einem wartenden Auto, vielleicht sieht dich der Fahrer nicht. Warte lieber, bis er losgefahren ist.

Dieses Schild kennzeichnet Vorfahrtstraßen

Fahrzeuge auf diesen Straßen haben Vorfahrt. Fahrzeuge aus Seitenstraßen müssen also warten, bis auf der Vorfahrtstraße eine ausreichend große Lücke zwischen Autos entstanden ist, in die sie sich gefahrlos einfädeln können. Dieses Schild gilt auch für Radfahrer. Auf großen Vorfahrtstraßen wird sehr zügig gefahren und oft auch schneller, als es erlaubt ist. Solche

„Verkehrsberuhigter Bereich"

Das bedeutet, dass Autos hier nur in Schrittgeschwindigkeit, also sehr langsam, fahren dürfen. Sie müssen auf Fußgänger achten, besonders auf Kinder, denn die dürfen hier auf der Straße spielen. Oft werden an den Einfahrten zu verkehrsberuhigten Bereichen leicht erhöhte Schwellen in die Straßen eingebaut, damit die Autofahrer ihre Geschwindigkeit drosseln. Trotzdem musst du vorsichtig sein – nicht alle Fahrzeuge fahren so langsam, wie es vorgeschrieben ist.

Dieses Schild steht am Anfang einer Autobahn

Die Straßen haben vier Spuren, sodass die Autos gut überholen können. Auf Autobahnen wird sehr schnell gefahren. Fahrzeuge dürfen nur an ausgeschilderten Parkplätzen oder Raststätten anhalten. Für Pannen, Staus oder Unfälle dienen die Randstreifen. In regelmäßigen Abständen stehen Notrufsäulen, über die man Hilfe rufen kann.

„Achtung Fußgängerüberweg"

Beim Zebrastreifen haben die Fußgänger Vorrang vor den Autofahrern. Fahrzeuge müssen mit mäßiger Geschwindigkeit und bremsbereit an den Fußgängerüberweg heranfahren und, wenn nötig, anhalten. Fahrzeuge, die bereits vor dem Fußgängerüberweg warten, dürfen nicht überholt werden. Bevor du den Zebrastreifen betrittst, musst du in beide Fahrtrichtungen schauen und dich vergewissern, dass kein Auto kommt. Bei herankommenden Autos wartest du, bis sie wirklich vor dem Zebrastreifen halten. Dann gehst du bis zur Mitte der Straße

und schaust dabei nach links, um zu prüfen, dass kein anderes Auto überholt. Dann guckst du nach rechts und überquerst den Rest der Fahrbahn.

Radweg

Radfahrer müssen hier den Radweg benutzen. Keiner darf auf der Straße oder auf dem Gehweg fahren. Radwege dürfen in der Regel nur in einer Richtung befahren werden.
Wenn unter dem Zeichen für „Radweg" ein Schild angebracht ist, auf dem Pfeile in zwei Richtungen weisen, dann darf dieser Radweg in beiden Richtungen befahren werden. Du musst hier immer mit Gegenverkehr rechnen. Halte dich möglichst weit rechts – aber ohne den Gehweg zu benutzen.

Fußgängerweg

Auf Fußgängerwegen muss man sein Fahrrad schieben. Kinder unter 8 Jahren dürfen auf dem Gehweg fahren, aber nur, wenn kein Radweg vorhanden ist.

Schau genau!

Auf diesem Suchbild spielen und toben Kinder. Sie haben offensichtlich vergessen, wie man sich richtig im Straßenverkehr verhält. Kannst du entdecken, was falsch und richtig ist?

Hast du es gewusst?

😢 Falsch: Die Kinder hüpfen und balancieren auf dem Bordstein.

😊 Richtig: Möglichst weit weg vom Bordstein bleiben. Nicht auf dem Bordstein balancieren: Man kann dabei auf die Straße fallen und unter ein Auto geraten.

😢 Falsch: Das Kind läuft hinter seinem Ball über die Straße ohne nach links und rechts zu sehen. Es achtet nicht auf den Verkehr und sieht nicht, dass sich ein Auto nähert. Unfallgefahr!

😊 Richtig: Stehen bleiben und schauen, wohin der Ball gerollt ist. Bevor man die Straße betritt nach links und rechts schauen. Etwa auf der Mitte der Straße noch einmal nach links und rechts schauen, ob auch wirklich kein Fahrzeug kommt, das einen vielleicht übersehen könnte. Dann zügig die Straße überqueren. Nicht rennen, weil man stolpern und hinfallen könnte.

😢 Falsch: Das Kind tritt ohne zu warten und zu schauen aus einer Lücke zwischen zwei Autos heraus. Der Motorradfahrer auf dem Bild sieht das Kind nicht und kann vielleicht nicht mehr rechtzeitig bremsen.

😊 Richtig: Zwischen den Autos stehen bleiben und den Oberkörper so weit vorbeugen, dass man die Straße gut übersehen kann. Nach links und rechts schauen und dann erst die Straße überqueren. Wenn ein Kind zu klein ist, um über die Autos hinaus zu sehen: nur einen ganz kleinen Schritt vortreten, dann vorbeugen und schauen.

😢 Falsch: Das Kind überquert die Straße neben dem Zebrastreifen.

😊 Richtig: Immer nur über den Zebrastreifen laufen. Bevor man losgeht, muss man nach links und rechts schauen, ob ein Fahrzeug kommt.

😠 Falsch: Auto und Radfahrer wollen nach rechts abbiegen. Der Radfahrer versucht, gleichzeitig mit dem Auto abzubiegen.

😊 Richtig: Der Radfahrer muss warten, bis das Auto abgebogen ist, sonst kann es zu einem Unfall kommen, weil der Autofahrer den Radfahrer nicht sieht.

Schnellkurs für richtiges Abbiegen

1. Bevor du nach links abbiegst: **UMSEHEN**
2. Nicht einfach abbiegen, sondern vorher: **HANDZEICHEN GEBEN**
3. Auf die Linksabbiegerspur oder die Fahrbahnmitte **EINORDNEN**
4. **VORFAHRTREGEL BEACHTEN:** Auf einer Vorfahrtstraße hast du Vorrang vor Fahrzeugen, die von rechts kommen. Gibt es kein Vorfahrtschild, haben von rechts kommende Fahrzeuge Vorrang.
5. Bei entgegenkommenden Autos: Anhalten und dem **GEGENVERKEHR VORRANG GEWÄHREN**
6. Vor dem Abbiegen **NOCHMALS UMSEHEN**
7. **IN WEITEM BOGEN ABBIEGEN**
8. **AUF FUSSGÄNGER ACHTEN**

😠 Falsch: Ohne Handzeichen vor den entgegenkommenden Fahrzeugen links abbiegen.

😊 Richtig: Entgegenkommende Fahrzeuge haben Vorrang vor dem Linksabbieger. Der Radfahrer muss ein Handzeichen geben und beim Abbiegen auf Fußgänger achten.

😠 Falsch: Der Junge geht bei Rot über die Fußgängerampel. Außerdem gibt er nicht auf den Verkehr Acht, weil er in seinem Buch liest.

😊 Richtig: Bei Rot muss man am Straßenrand stehen bleiben, bis die Ampel Grün zeigt – und das Buch bleibt zu!

😠 Falsch: Das Mädchen benutzt den Radweg am rechten Straßenrand in der falschen Richtung.

😊 Richtig: Auf den Radwegen darf man nur in der gleichen Richtung wie die Autos fahren.

😠 Falsch: Die Kinder spielen Blindekuh am Straßenrand. Der Junge mit den verbundenen Augen kann nicht auf den Verkehr achten.

😊 Richtig: Solche Spiele darf man nie auf einer Verkehrsstraße, sondern im Garten, im Park, auf dem Spielplatz oder einem autofreien Hof spielen.

Lies mal weiter

Können Kinder Strafzettel bekommen?

Eine Strafe für falsches Verhalten im Straßenverkehr, zum Beispiel eine Geldstrafe für rücksichtsloses Fahrradfahren, haben Kinder unter 14 Jahren nicht zu befürchten. Trotzdem musst du dich immer an die Verkehrsregeln halten: damit dir nichts passiert und du anderen keinen Schaden zufügst.

Wenn sich Kinder verkehrswidrig verhalten und dadurch einen Unfall verursachen, müssen in vielen Fällen die Eltern den entstandenen Schaden bezahlen. Wer als Kind einen sehr großen Schaden verursacht hat, muss unter Umständen ab dem Alter von 18 Jahren Schadensersatz leisten.

Gibt es einen Fahrradführerschein?

Einen Führerschein, so wie ihn Autofahrer bekommen, gibt es für Fahrradfahrer nicht. Kinder können aber eine Fahrradprüfung machen. Hast du die Prüfung bestanden, bekommst du darüber eine Bescheinigung oder den sogenannten Verkehrspass. Die Radfahrausbildung gehört zum Verkehrsunterricht in der Schule. Du kannst aber auch zusätzlich an Radfahrkursen teilnehmen, die der ADAC (Allgemeiner Deutscher Automobilclub), die Deutsche Verkehrswacht oder der Allgemeine Deutsche Fahrrad-Club (ADFC) veranstalten. Diese Kurse machen viel Spaß, weil auch Fahrradturniere und lustige Spiele dazugehören.

Woher hat das Martinshorn seinen Namen?

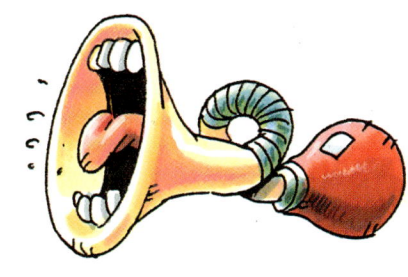

Eigentlich heißt das durchdringende Warnsignal, mit dem Krankenwagen, Polizei- und Feuerwehrautos ihr Kommen ankündigen, Martin-Horn. Benannt wurde es nach der Herstellerfirma, der Max B. Martin KG.

Was ist ein „toter Winkel"?

Die meisten Autos haben drei Spiegel: zwei Außenspiegel und einen Rückspiegel innen vor der Windschutzscheibe. Durch diese drei Spiegel kann der Autofahrer beobachten, was hinter und neben seinem Auto vor sich geht. Doch alle drei Spiegel haben einen sogenannten „toten Winkel". In diesem Bereich kann ein Autofahrer ein anderes Auto, einen Fußgänger oder einen Radfahrer nicht sehen.

Versuche deshalb nie, an einem abbiegenden Fahrzeug noch rasch vorbeizukommen. Bitte deine Eltern, einmal Folgendes mit dir auszuprobieren: Du setzt dich auf den Fahrersitz eures Autos, Außen- und Rückspiegel werden für deine Größe eingestellt. Dann gehen Vater oder Mutter langsam am Auto vorbei. Du verfolgst den Weg erst im Rückspiegel, dann im Außenspiegel. So kannst du feststellen, ab wann der tote Winkel beginnt und du deine Eltern nicht mehr im Spiegel sehen kannst.

Was ist die Straßenverkehrsordnung?

In der Straßenverkehrsordnung (StVO) sind alle Vorschriften zusammengefasst, die das Verhalten der Verkehrsteilnehmer auf öffentlichen Straßen und Plätzen regeln. Sie gilt für jeden, angefangen von den Fußgängern über Radfahrer bis hin zu allen Fahrern von Fahrzeugen. Die wichtigste Grundregel steht gleich am Anfang der Verkehrsordnung. Sie lautet: „Die Teilnahme am Straßenverkehr erfordert ständige Vorsicht und gegenseitige Rücksicht." Diese einfache Regel sollte jeder beherzigen, egal wie alt er ist.

Warum ist es umweltfreundlicher, mit dem Bus oder dem Fahrrad zu fahren?

Jedes Auto bläst beim Fahren Abgase in die Luft, die Menschen und Natur schädigen. Je weniger Menschen Auto fahren, desto weniger wird die Luft verschmutzt. Wer Busse, Bahnen und die U-Bahn benutzt, verhält sich umweltfreundlich. Die öffentlichen Verkehrsmittel verbrauchen pro Fahrgast weniger Energie und verursachen weniger Abgase. Am umweltfreundlichsten ist natürlich das Fahrrad, das überhaupt keine Abgase erzeugt.

Wann kann auch Fahrradfahren der Umwelt schaden?

Wer am Wochenende mit dem Fahrrad einen Ausflug macht, statt mit dem Auto durch die Landschaft zu fahren, der schont die Umwelt. Für viele Radfahrer gibt es aber nichts Schöneres, als querfeldein durch Wiesen, Felder und Wälder zu radeln. Sie verlassen Straßen und Wege, um die Natur hautnah zu genießen. Dass sie dabei die Natur schädigen, vergessen viele völlig. Im Wald sind es vor allem die Tiere, die durch rücksichtslose Radfahrer aufgescheucht werden. Zum umweltfreundlichen Radfahren gehört Rücksichtnahme auf die Lebensräume unserer Tier- und Pflanzenwelt.

Das musst du bei der Fahrradfahrprüfung wissen und können

- ☀ die Verkehrszeichen und Verkehrsregeln
- ☀ die Vorfahrtregelungen
- ☀ wie ein verkehrssicheres Fahrrad ausgerüstet ist
- ☀ richtiges Abbiegen mit dem Fahrrad
- ☀ Gefahrensituationen erkennen
- ☀ Rücksichtnahme im Straßenverkehr

Wenn ein Unfall passiert ist

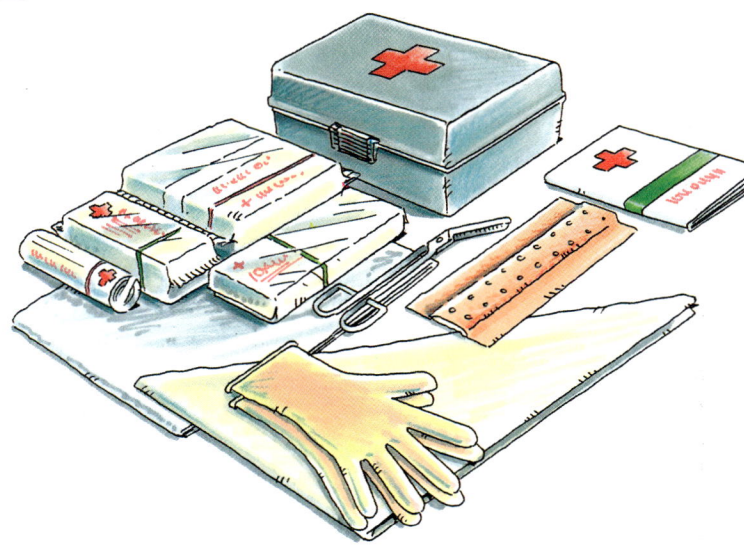

Jeder Autofahrer muss in seinem Auto einen Verbandskasten haben. Denn jeder, der zu einem Unfall kommt, ist verpflichtet, erste Hilfe zu leisten.Gibt es Schwerverletzte, muss man den Unfall über eine Notrufsäule oder über das nächste verfügbare Telefon melden. Notrufsäulen befinden sich an Autobahnen und an manchen Bundesstraßen. Drückt man den Hebel der Notrufsäule, ist man mit der Autobahnmeisterei oder mit der Rettungsleitstelle verbunden. Von dort wird der Einsatz von Notarztwagen, Krankenwagen oder Rettungshubschraubern veranlasst.Notrufnummern sind ohne Vorwahl zu erreichen. Von Telefonzellen aus kann man sie ohne Münzen oder Telefonkarte anrufen.

NOTRUF

112	Polizei
19222	Rettungsleitstelle
144	Notruf Österreich/Schweiz

Die 5 W-Regel

Bei der Meldung eines Unfalls angeben:
– Wo ist der Unfall passiert?
– Was ist passiert?
– Wie viele Verletzte brauchen Hilfe?
– Welche Verletzungen haben sie?
– Warten: Hat der Anrufer alles gemeldet, muss er noch warten, ob von der Rettungsleitstelle noch Fragen kommen. Erst dann kann er das Gespräch beenden.

Was sich im Verbandskasten befindet

– Folie, um Verletzte darauf abzulegen
– Heftpflaster für kleinere Wunden
– Wundschnellverband für größere Wunden
– Verbandspäckchen zum Bedecken von Wunden
– Kompressen zum sauberen Abdecken von Wunden
– Verbandstuch zum Abdecken größerer Wunden, zum Beispiel bei Verbrennungen
– Mullbinden, die über Kompressen gewickelt werden
– Dreiecktuch für einfache Verbände, zum Beispiel als Schlinge beim gebrochenen Arm
– Schere zum Abschneiden von Pflaster und Verbänden
– Einmalhandschuhe aus Kunststoff für den Helfer

Was ist „Erste Hilfe"?

– die Unfallstelle mit einem Warndreieck sichern, damit Autos gewarnt sind und nicht in die Unfallstelle hineinfahren
– den Rettungswagen rufen
– Leichtverletzte aus dem Auto holen
– Verletzten beruhigend zureden, sie trösten, ihre Hand halten, bei ihnen bleiben
– Wunden verbinden, soweit dies möglich ist
– Verletzte in eine für sie angenehme oder sichere Lagerung bringen
– Verletzte mit einer Decke oder der Folie aus dem Verbandskasten zudecken